Les Ruraux

CANTON DE SABLÉ

PRIX 50 Centimes

PRIX 50 Centimes

SABLÉ

Imprimerie-Librairie A. GAUDIN, 21, rue de l'Île

1909

USAGES RURAUX

DU

CANTON DE SABLÉ

Assolement ou Cotaison

Article premier. — Les lieux composés sont seuls assujettis à l'assolement. On appelle lieu composé ou corps de ferme, la propriété qui joint à une habitation rurale, l'exploitation de 2 hectares au moins de terres labourables, ou 4 journaux, le journal formant 1/2 hectare.

Art 2. — Les closeaux sont comptés comme champs de la ferme, mais ils sont plus spécialement destinés à recevoir des coupages.

Art. 3. — Les jardins ne sont pas regardés comme terres labourables ; ils sont consacrés principalement aux légumes.

Art. 4 — La mesure des champs comprend même les haies et fossés qui en dépendent.

Art. 5. — Un tiers des terres labourables doit être semé chaque année en froment, seigle, ou méteil. Il y a toutefois tolérance d'un vingtième de cet ensemencé en plus ou en moins, en raison de la contenance des pièces. Il est formellement interdit de semer ces grains en retour.

Art. 6. — Un sixième des mêmes terres doit être semé en orge ou avoine de printemps.

Art. 7. — Un tiers des guérets destinés aux gros blés peut-être consacré aux plantes sarclées et aux chanvres et lins.

Art. 8. — Le fermier ne peut être contraint à suivre un autre assolement que celui dont le détail précède, mais il lui est permis d'adopter la culture alterne, sans que le propriétaire puisse s'y opposer.

L'assolement alterne consiste à ne jamais faire succéder deux plantes de la même famille sur le même terrain.

Art. 9. — Le sortant doit prendre les terres d'après la rotation suivie les années précédentes, sans pouvoir les choisir exclusivement parmi les plus productives ou les plus anciennes en pâture.

Art. 10. — S'il a dépassé son assolement, le sortant perdra semence, comprise la totalité de la récolte résultant de cet excédant.

Art. 11. — Dans les lieux à colonie partiaire, l'assolement suivi au commencement du bail ne peut être changé ensuite que du consentement mutuel du propriétaire et du colon.

Baux

Art. 12. — Les baux sont à prix d'argent ou à colonie partiaire : leur durée ordinaire est de 7 années, ou de 3 6 ou 9. A défaut de convention, ou lorsqu'il y a tacite reconduction, le bail est censé fait pour 3 années.

Art. 13. — Le bail commence et finit le

plus souvent au 1ᵉʳ novembre, quelquefois au 1ᵉʳ mai : dans les deux cas la remise des clefs peut n'avoir lieu que le lendemain, à midi.

Art. 14. — Le bail ne comprend ni le droit de chasse, ni le droit de pêche, à moins de convention expresse, et le propriétaire en jouit et peut en disposer à l'exclusion du fermier ou colon.

Art. 15. — Le fermier ou colon ne peut cultiver de terres étrangères, même les siennes, sans le consentement du propriétaire.

Art. 16. — Si le fermier ou colon dépend d'un fermier général ou supérieur, celui-ci est substitué à tous les droits au propriétaire.

Art. 17. — Pour faire cesser l'effet du bail non écrit, il est nécessaire de donner congé une année franche à l'avance, et de manière que le bail finisse à la même époque où il a commencé.

Art. 18. — Le congé d'une maison qui ne dépend pas d'un lieu composé est donné :

Trois mois à l'avance pour un loyer de 72 fr. et au-dessous ;

Six mois à l'avance pour un loyer de 72 à 150 fr. ;

Un an à l'avance pour un loyer au-dessus de 150 fr.

Le même délai d'une année est observé pour une auberge et une maison ayant boutique sur la rue, quel que soit le prix du loyer.

Le délai est de quinze jours pour les chambres et maisons louées au mois.

Pour la première année par exception il

n'est pas besoin de donner congé, le bail, à moins de conventions contraires, n'étant censé consenti que pour un an, sera résolu de plein droit à la fin de l'année.

Bestiaux

Art. 19. — Le fermier à prix d'argent fournit tous les bestiaux nécessaires à l'exploitation, et en dispose comme il l'entend lors de sa sortie,

Art. 20. — La ferme doit toujours être garnie de bestiaux dans la mesure de sa portée, c'est-à-dire en quantité suffisante pour sa bonne exploitation et pour la garantie des droits du propriétaire.

Art. 21. — Le colon partiaire fournit la moitié des bestiaux et dispose de cette moitié à sa sortie. Le partage se fait entre lui et le propriétaire, à l'amiable ou par tirage au sort, après estimation faite au moment de la sortie, par experts choisis par les deux parties.

Art. 22. — Le colon ne peut, sans le consentement du propriétaire, vendre, échanger ni acheter aucun bétail.

Il doit également se conformer à la volonté du propriétaire pour l'espèce et la quantité des élèves de toute nature.

Le propriétaire indique les femelles qui doivent être saillies, et a le choix des étalons.

Il paie moitié de la saillie et des autres frais.

Les veaux ne sont pas sevrés avant 4 mois.

Art. 23. — Le colon doit conduire à ses frais, aux foires et marchés désignés par le propriétaire, les bestiaux destinés à être ven-

.dus, et remettre à celui-ci, à son domicile, moitié du prix de vente.

Les droits de péage aux foires sont supportés en commun.

Art 24. — S'il a été fourni un cheptel sans indication de têtes de bétail, le propriétaire a. le choix de ceux qu'il doit recevoir du fermier lors de la restitution.

Art. 25. — Il ne peut être nourri de boucs ou de chèvres sur un lieu sans le consentement formel du propriétaire.

Art 26. — Les bestiaux qui garnissent le lieu ne peuvent être employés hors de la ferme. si le propriétaire n'y consent.

Bois

Art. 27. — Le fermier ou colon a droit à la chevelure de toutes les truisses ou têtards ; il la prend par septième chaque année, sans distinction de chêne, châtaignier, frêne, ormeau ou autres arbres.

Art. 28. — Il tond les haies et répare les fossés en même temps qu'il prend le bois taillable qui s'y trouve complanté. Les épines lui appartiennent, à l'exception de celles qu'il est nécessaire de laisser sur les haies après la coupe pour les rendre défensables.

Art. 29. — Les haies plates se coupent aussi à 7 ans, à 1 mètre 50 centimètres de hauteur.

Art 30. — Le bois planté sur les vignes, les jardins et le long des rivières navigables, se coupe à 4 ans.

Art. 31. — La coupe du bois se fait le 1er novembre au 1er mars.

Art. 32. — Le fermier ou colon dispose comme il l'entend du bois qui lui appartient ; il peut l'emporter lors de sa sortie.

Art. 33. — Le sortant au 1er mai fait, comme à l'ordinaire, la coupe des bois au 1er novembre qui précède sa sortie, mais il en partage le produit par moitié avec l'entrant, à l'exception des épines, qui lui appartiennent en totalité.

L'entrant lui rembourse la façon du bois qu'il reçoit de lui.

Art. 34. — Le fermier ou colon ne peut émonder les arbres fruitiers, ni les arbres à haute tige. Les ormes et les frênes pourront toutefois être élagués ; mais seulement jusqu'aux deux tiers de la hauteur, et lorsque l'on tondra les haies sur lesquelles ils seront complantés.

Art. 35. — L'érussage des jeunes branches d'ormeau est toléré la deuxième année qui suit la coupe, à partir du 1er septembre.

Art. 36. — Le fermier ou colon doit, en coupant les haies, ménager et conserver les renaissances et les jeunes arbres qui s'y rencontrent, sans pouvoir en détruire ou étêter aucun que par l'ordre du propriétaire.

Art. 37. — Le propriétaire a le bois mort et celui qui est brisé par accident.

Il peut, en outre, faire abattre et enlever tels arbres que bon lui semble, à l'exception des arbres fruitiers, sans autre indemnité que la réparation du dommage causé par l'abat.

La chevelure des bois taillables ainsi abattus appartient au fermier ou colon.

Art. 38. — L'échenillage est à la charge du fermier ou colon.

Communauté. — Voisinage

Art. 39. — Aucun des ayants-droit dans une cour commune ne peut rien y laisser séjourner plus de 24 heures, à moins qu'il n'ait été fait à cet égard un réglement, qu'il est toujours loisible à l'un des intéressés de provoquer.

Art. 40. — On peut y laisser les porcs pendant le temps employé à les panser ou à nettoyer leur toit, lorsque la porte de ce toit donne sur la cour.

Art. 41. — Chacun des ayants-droit à une mare commune peut empêcher les autres d'y laisser aller des oies ou canards et d'y mettre du poisson, d'y rouir du chanvre ou du lin, enfin d'y jeter ou d'y laisser séjourner tout objet pouvant altérer la qualité des eaux.

Art. 42. — On ne peut faire usage d'un four placé dans la maison du voisin que depuis le lever jusqu'au coucher du soleil, et après avertissement donné 24 heures à l'avance. Chacun emporte ses cendres.

A moins de clause expresse, le droit au four n'emporte pas celui d'y mettre son chanvre ou son lin.

Art. 43. — Quand un puits est commun, la corde est entretenue par tous les ayants-droit. L'eau ne peut être employée à l'arrosage que du consentement de tous.

Art. 44. — Dans les prés communs, le passage doit être fauché à la Saint-Pierre (29 juin) et le foin enlevé à la Madeleine (22 juillet). Les bestiaux entrent à l'Angevine (8 septembre) et sortent au 1er décembre.

Art. 45. — Tout fossé bordant un héritage, quelle que soit sa largeur, appartient à celui du côté duquel est la jetée ou talus. Ce propriétaire a en outre, une bande de terre de 16 centimètres 1/2 nommée pas-de-bœuf, relis ou reparée, destinée à soutenir les terres de l'héritage voisin et à faciliter sa culture.

En cas de destruction de la clôture, ce relis retourne de droit au propriétaire du fossé ; mais tant qu'elle existe, l'usage en permet le parcours et le pâturage au propriétaire limitrophe.

Art. 46. — L'existence d'un talus ou d'une haie ne suffit pas pour prouver la propriété exclusive d'un ruisseau coulant plus de six mois par an.

Art. 47. — Les fossés à établir seront faits par le propriétaire dans les dimensions qui lui conviendront. Toutefois ils devront avoir un minimum d'un mètre d'ouverture et leurs parois une inclinaison de 50 degrés.

Art. 48. — La haie plate, quelle que soit son épaisseur réelle, est censée avoir 2 mètres 33 centimètres de largeur.

Le partage de cette haie peut toujours être demandé par l'un des intéressés, mais à la charge de la remplacer par une haie à talus ou par un mur. La nouvelle clôture ne pourra ensuite être supprimée que du consentement du voisin.

Art. 49. — Pour juger de la mitoyenneté d'un

arbre complanté dans la haie plate, on prend la distance du centre de cet arbre au maître de haie qui se trouve vis-à-vis, et si cette distance est de 1 mètre 16 centimètres 1/2 (moitié de l'épaisseur de la haie), ou si elle est moindre, l'arbre est mitoyen.

Art. 50. — S'il n'existe pas de maître de haie vis-à-vis de l'arbre, on prend le maître le plus rapproché de chaque côté : un jalon formant ligne droite avec ces deux maîtres est placé vis-à-vis de l'arbre en litige, et on mesure la distance comme dans l'article précédent.

Art. 51. — Dans les endroits où la forme de la haie ne permet pas de procéder ainsi, la mitoyenneté se détermine d'après l'état apparent des lieux.

Art. 52. — Dans la haie à talus, tout arbre dont le centre se trouve sur le relis est mutuel; tout autre arbre appartient à celui sur le terrain duquel se trouve ce centre.

Art. 53. — Pour déterminer le point où finit le relis, on prend la largeur moyenne du fossé sur les parties les mieux conservées, et on y ajoute 16 centimètres 1/2 (largeur du relis). On plante un jalon à 4 mètres de chaque côté de l'arbre, au pied du talus : un troisième jalon est planté dans la ligne formée par les deux premiers, vis-à-vis de l'arbre, et la largeur mentionnée ci-dessus, prise de ce jalon détermine la mitoyenneté ou la propriété exclusive de l'arbre.

Art. 54. — Pour la haie à talus, comme pour la haie plate, on se décide d'après l'état apparent des lieux, quand la forme de la haie ne permet pas de procéder comme il vient d'être dit.

Art. 55. — Celui qui fait ou répare un talus sans fossé, doit laisser entre le pied de ce talus et l'héritage voisin un intervalle de 25 centimètres pour la réparer.

Art. 56. — Lorsque des branches d'arbres fruitiers s'étendent sur la propriété du voisin, les fruits de ces branches sont partagés entre ce voisin et le propriétaire de l'arbre, qui a droit de passage pour aller les cueillir.

Art. 57. — Il est permis au voisin de clore l'extrémité du fossé qui ne lui appartient pas et qui facilite la communication de son terrain avec une autre propriété ou avec un chemin. Cette clôture, toutefois, ne doit être qu'en bois mort et ne pas nuire à l'écoulement des eaux.

Art. 58. — La largeur d'un passage pour voiture est de 3 mètres 33 centimètres.

Celle d'un passage pour bestiaux est de 2 mètres : si le passage n'est pas clos, les bestiaux sont menés à la corde.

Le passage à pied a 1 mètre de largeur.

Il en est de même du tour d'échelle.

Le droit d'égout n'emporte qu'une largeur de 50 centimètres.

Art. 59. — Dans les vignes, les rigoles creusées entre les planches servent de sentiers.

Art. 60. — Pour bâtir auprès d'un mur appartenant en tout ou en partie au voisin, on doit prendre les précautions suivantes :

Pour une étable, une écurie, ou pour l'établissement d'une forme à fumier, on construit un contre-mur de 22 centimètres d'épaisseur.

Pour un magasin de sel ou un amas de matières corrosives, le contre-mur doit avoir 33 centimètres d'épaisseur.

Pour une forge, un four ou un fourneau, on laisse un intervalle vide et non clos, large de 16 centimètres 1/2, entre le mur voisin et le contre-mur qui doit avoir 33 centimètres.

Pour un puits ou une fosse d'aisances, le contre-mur a également 33 centimètres d'épaisseur.

1 mètre de maçonnerie est nécessaire entre deux puits.

1 mètre 33 centimètres de maçonnerie est nécessaire lorsqu'il y a d'un côté un puits et de l'autre une fosse d'aisances ; mais ce tte épaisseur ne peut être exigée si le puits a été construit le dernier, et si les parois de la fosse sont imperméables.

Pour appuyer une cheminée à un mur mutuel ou appartenant en entier au voisin, on construit un contre-mur épais de 16 centimètres 1/2, qui peut être remplacé par une plaque en fonte quand le mur est épais de 50 centimètres au moins.

Domestiques

Art. 61. — L'engagement des domestiques est ordinairement d'une année, qui commence et finit à la Saint-Jean (24 juin) : il finit même à cette époque, quelle que soit celle où il a commencé, à moins de conventions contraires.

Art. 62. — Le maître donne au domestique qu'il gage des arrhes ou denier à Dieu. L'engagement qui ne serait pas accompagné d'arrhes ne serait considéré que comme un projet, et chacun des partis pourrait le rompre à volonté avant que l'exécution en fut commencée (1).

Art. 63. — Les arrhes sont imputables sur les gages à moins de convention contraire.

Art. 64. — Le domestique peut se dégager dans les 24 heures, en rendant les arrhes.

Passé ce délai, le maître et le domestique sont liés, et celui des deux qui manquerait à son engagement, soit avant, soit pendant le cours de son exécution, serait passible de dommages-intérêts.

Art. 65. — Depuis le jour de la convention jusqu'à la moitié du temps qui sépare ce jour de celui de l'entrée en service, l'indemnité consiste de la part du maître, à perdre les arrhes qu'il a données ; de la part du domestique à rendre le double de celles qu'il a reçues.

Art. 66. — Passé ce délai, l'indemnité de part et d'autre est de un douzième à un tiers des gages de l'année, suivant l'époque plus ou moins rapprochée de l'entrée en service.

Art. 67. — Si la résiliation a lieu pendant le cours du louage, et du 1er mai au 31 octobre l'indemnité si elle est due par le domestique, est d'un tiers des gages de toute l'année, si

---

(1) *(Lyon arrêt du 3 février 1872)*. — Domestiques, serviteurs, employés, 2e cahier 1873, page 34, DALLOZ.

elle est due par le maître, elle est moitié moindre.

Si la résiliation a lieu du 1er novembre au 30 avril, le domestique ne doit qu'une indemnité égale à un sixième de ses gages, et le maître une indemnité double.

Sauf, dans tous les cas, l'appréciation des motifs de résiliation ou l'allocation de plus forts dommages-intérêts, laissés à l'arbitration du Juge de paix.

Art. 68. — Le domestique ne peut alléguer pour excuse :

Qu'il se marie,

Qu'il ne veut plus servir,

Qu'il prend un état,

Qu'il s'engage.

Art. 69. — Le domestique peut alléguer pour excuse.

Qu'il est nécessaire à sa mère devenue veuve; à ses frères et sœurs devenus orphelins ;

Qu'il est appelé au service militaire, à moins que lors de l'engagement, il n'eût fait à son maître une fausse déclaration à cet égard.

Art. 70. — Si la santé du domestique, devenue mauvaise, le rend impropre au service, il peut sortir sans payer l'indemnité, et le maître peut le renvoyer sans lui en donner.

Art. 71. — Le maître ne peut alléguer pour excuse :

Qu'il se passera de domestique,

Qu'il cesse son exploitation, à moins que le domestique ne soit mis à même d'entrer chez le fermier successeur.

Si ce successeur était héritier du fermier décédé dans le cours de l'année, la convention de louage ne serait pas modifiée.

Art. 72. — Le maître a droit à une indemnité quand il renvoie son domestique :

Pour inconduite ;

Pour défaut d'accomplissement de ses obligations.

Art. 73. — Le domestique a droit à une indemnité quand le maître ne remplit pas ses obligations.

Art. 74. — Le domestique peut n'entrer chez son maître que le soir du jour où commence l'engagement.

Art. 75. — Il doit à son maître l'emploi de tout son temps. Les dimanches et fêtes conservés, il doit donner aux bestiaux et au ménage les soins nécessaires ; et, lors des récoltes, faire ces jours-là toutes espèces de travaux, s'il y a lieu de craindre qu'un retard ne porte préjudice au maître.

Art. 76. — Le maître doit nourrir et loger convenablement son domestique. Il doit le blanchir, mais seulement quand il fait la lessive pour lui-même. Il ne doit ni repassage, ni empesage.

Il ne doit ni raccomodage, ni journées d'ouvrières, mais il doit permettre aux filles de réparer leurs effets.

Art. 77. — Si le domestique s'est réservé le droit de disposer d'un certain nombre de journées, sans les désigner, le choix appartient au maître.

Il est d'usage, en outre, d'accorder au domestique l'après-midi de la veille de Noël et le jour de Noël tout entier, pour les passer dans sa famille.

Art. 78. — Les gages ne sont exigibles qu'à la fin de l'année, même quand la sortie a lieu sur l'année.

Ils sont cependant exigibles de suite, quand le maître est condamné à payer une indemnité au domestique.

Art. 79. — Le domestique qui a perdu des journées de travail, en paie la valeur sur le pied de son salaire annuel : mais s'il y a eu nécessité de le remplacer par un journalier, il tient compte de toute la dépense qu'il a occasionnée.

Art. 80. — Dans le compte de fin d'année, il est fait remise au domestique, jusqu'à concurrence d'une semaine, des journées qu'il a perdues par maladies.

Art. 81. — Quant le père, la mère ou le tuteur veulent toucher les gages du domestique mineur dont il ne se sont pas occupés dans le cours de l'année, il doivent tenir compte au maître de ce qu'il a payé pour habiller convenablement le mineur.

Art. 82. — Les principes qui précèdent s'appliquent seulement aux domestiques, employés à l'exploitation et aux travaux de la campagne, parmi lesquels on comprend les métiviers c'est-à-dire ceux dont l'engagement commence à la St-Jean (24 juin) et finit à la Saint-Martin d'hiver (11 novembre).

On doit y comprendre aussi le pochetier et le farinier d'un moulin, et les domestiques d'une auberge.

Engrais et Amendements

Art. 83. — Le fermier ou colon doit employer à l'amélioration du lieu les foins, pailles, chaumes, fourrages de toute espèce; genêts ajoncs, litières et engrais quelconques qui s'y trouvent produits, ainsi que les cendres et chairrées, sans pouvoir en vendre ni enlever, même à sa sortie.

Art. 84. — Les fumiers, à leur sortie de l'étable, sont immédiatement mis en *forme*, et dressés avec soin. On peut aussi les transporter de suite dans les champs où ils sont enterrés ou entassés.

Art. 85. — Toutes les racines, autres que les pommes de terre, sont considérées comme fourrages, et ne peuvent être vendues ou enlevées sauf les exceptions portées aux articles 115, 118 et 119.

Art. 86. — Le fermier ou colon ne peut enlever la terre des jardins et l'employer comme engrais sans le consentement du propriétaire.

Art. 87. — Tous les fumiers d'étable servent à fumer les gros grains, les plantes sarclées et même les prés si le fermier le juge convenable.

Art. 88. Dans le cas de culture alterne on peut consacrer tous les fumiers aux plantes sarclées.

Art. 89. — Sont exclusivement destinés à fumer et améliorer les prés, la terre tirée

des rigoles et fossées de ces prés et les déchets
de pailles appelés balles, chasses ou poux,
après les avoir fait servir de litière.

Art. 90. — La chaux mêlée par couches aux
terreaux ou fumiers, doit être battue deux fois,
dont la première, quinze jours au plus tard
après ce mélange.

Art. 91. — Le fermier sortant ne peut prendre de
terres ou gazons pour éteindre sa chaux que dans
les terres destinées à son dernier ensemencé.

Art. 92. — Le fermier obligé par son bail à
mettre chaque année certaine quantité de
chaux, ou autres engrais, doit cette quantité
même la dernière année ; mais alors l'entrant
lui rembourse les deux tiers du prix, après
justification.

Art. 93. — Le sortant au 1er novembre qui
ne pourrait, à cause du temps contraire, ache-
ver sa sèmerie que plus tard, n'a aucun droit
aux fumiers qui n'auraient pas été enlevés
avant sa sortie.

Art. 94. — Le sortant au premier mai doit
laisser intacts tous les fumiers faits depuis les
semailles d'automne. L'entrant peut venir pendant l'hiver qui précède, serrer les feuilles et
bruyères, qu'il met pourrir dans les étrages.

Art. 95. — Tous les engrais étrangers, à
l'exception de la chaux, mis sur la propriété à
colonie partiaire, sont payés par moitié entre
le propriétaire et le colon, et voiturés par
celui-ci et à ses frais avec les attelages du lieu.
Le colon va les prendre aux lieux où la vente
s'en fait d'ordinaire.

La chaux est payée deux tiers par le propriétaire et un tiers par le colon.

Entretien et Réparations

Art. 96. — Le fermier ou colon doit entretenir le lieu en bon état des réparations locatives indiquées par l'article 1754 du code civil.

Art. 97. — Les haies, fossés et rigoles doivent toujours être tenus dans un état tel que les pièces de terres soient défensables et que les eaux aient un libre écoulement.

Art. 98. — La fourniture et l'entretien de toutes les clôtures sont à la charge du fermier ou colon.

Art. 99. — Ce dernier ne pourra être contraint à établir les barrières, que lorsque le bois nécessaire à leur confection lui sera fourni par le propriétaire.

Art. 100. — Il doit entretenir le pressoir, les auges, les râteliers, mangeoires et crèches.

Art. 101. — Quant à la réfection de ces objets, elle est en entier à la charge du propriétaire.

Art. 102. — Le biennage et lecurage des ruisseaux sont à la charge du fermier ou du colon.

Art. 103. — Celui-ci doit l'entretien des nouvelles haies que le propriétaire peut faire faire à son gré, sans pouvoir empêcher la destruction des clôtures qu'il plaît au propriétaire de supprimer ou de modifier.

Art. 104. — Les loges, quelle qu'en soit la forme, appartiennent au propriétaire, si le fermier ou colon ne produit pas une reconnaissance de ce dernier.

Art. 105. — Le fermier ou colon est chargé de l'entretien et même de la réfection partielle ou entière des loges ou logereaux couverts en paille. Le propriétaire fournit le bois.

Art. 106. — Le fermier ou colon fait, sans salaire avec les harnais du lieu, l'approche à pied-d'œuvre de tous les matériaux nécessaires aux réparations et réfections.

Art. 107. — Il ne doit pas le transport de ceux qui sont destinés aux constructions nouvelles.

Fermages et menues faisances

Art. 108. — Le prix de ferme est acquitté en entier au jour de l'expiration de chaque année de jouissance, ou aux autres termes fixés par le bail, au domicile du propriétaire ou de son fondé de pouvoirs.

Art. 109. — La part revenant au propriétaire dans les produits du lieu à colonie partiaire est voiturée par le colon au même domicile.

La part du propriétaire dans la récolte qui suit la sortie du colon, est transportée par le successeur.

Art. 110. — Toutes les redevances autres que le prix de fermes doivent être acquittées dans le cours de chaque année de jouissance et ne peuvent être reportées d'une année sur l'autre.

Fourrages divers et Racines

Art. 111. — La paille récoltée la dernière année du bail appartient en entier à l'entrant, sans en excepter celle d'orge ou d'avoine, ni les déchets du battage.

Art. 112. — Le sortant coupe et peut employer en litière un sixième du chaume de cette même année, et y mettre ensuite ses bestiaux ; le surplus appartient à l'entrant qui doit le couper et l'enlever avant l'Angevine.

Le choix appartient au sortant qui doit toutefois, autant que possible ne choisir que des pièces entières.

Après l'Angevine, le sortant peut faire pacager ses bestiaux dans les chaumes de l'entrant mais non les couper.

Art. 113. — Sauf l'exception portée à l'article précédent, les bestiaux ne peuvent jamais être mis dans les champs avant l'enlèvement des chaumes.

Art. 114. — Le sortant doit planter dans le jardin et laisser pour son successeur 400 choux de Poitou ou cavaliers par hectare semé en gros blé ; il est loisible à l'entrant de venir planter 100 poireaux par même nombre d'hectares.

Art. 115. — Le sortant partage par moitié avec l'entrant la récolte faite dans les guérets destinés aux céréales d'automne, à l'exception des pommes de terre et betteraves.

Quant à ces dernières plantes, l'entrant peut en semer dans un dixième de ces guérets et en fait la récolte à son profit. Le sortant peut en semer pareille étendue, dont la récolte lui appartient.

Les guérets auront dû être faits en entier par le sortant, à l'époque fixée par l'article 125, et chaque portion est fumée comme il est dit à l'article 87.

Art. 116. — A défaut de convention expresse ou de montrée, le sortant au 1er mai n'est tenu à laisser aucune paille à l'entrant, mais seulement un sixième de chaume de l'année précédente.

Le partage s'en fait comme à la sortie du 1er novembre.

Art. 117. — Il laisse l'entrant venir planter 200 choux de Poitou ou cavaliers par hectare semé en gros blé, à la Toussaint qui précède l'entrée. Ces choux sont fumés avec l'engrais du lieu. Alors le sortant peut consommer entièrement les anciens choux.

Art. 118. — Il emporte les pommes de terre et racines fourragères qui lui appartiennent.

Art. 119. — Le colon partiaire peut consommer chaque année, des pommes de terre et racines fourragères pour les besoins de son ménage.

Art. 120. — Le fermier ou colon peut consommer, l'année de sa sortie, toute l'herbe provenant du sarclage des blés.

Impôts et Prestations

Art. 121. — Le fermier ou colon doit, sans qu'il soit besoin de convention spéciale, la totalité des impôts de toute espèce, y compris, bien entendu, les prestations en nature, Les prestations peuvent être faites avec les bestiaux du lieu.

Art. 122. — Le sortant au 1er novembre

acquitte tous les impôts jusqu'au 1er janvier qui suit sa sortie.

Les prestations de l'année qui suit la sortie sont acquittées par l'entrant.

Art. 123. — Le sortant au 1er mai paie seulement un tiers de l'impôt l'année de sa sortie.

Il fait en totalité les prestations de cette même année.

Labours. — Semailles

Art. 124. — Les labours des céréales d'automne se font :

Avant le 30 avril pour les pâtures ou jachères de plus d'une année :

Avant le 1er juin, pour les trèfles de plus d'une année :

Avant le 1er juillet, pour les chaumes de l'année prédédente ;

Avant le 15 octobre, pour les trèfles de l'année.

Toutefois, l'année de sa sortie, le fermier devra labourer les trèfles de l'année avant le 15 juillet.

Art. 125. — Les labours des grains de printemps et des plantes sarclées doivent être terminés avant le 1er janvier. Les essefs sont faits immédiatement après les labours et soigneusement entretenus.

Art. 126. — Les labours ou sillons se font à quatre raies, dont les deux dernières doivent avoir 12 centimètres de profondeur au moins.

Il est néanmoins loisible au fermier de cultiver en planches.

Art. 127. — Les semailles des céréales d'automne doivent être terminées avant le 20 novembre ; celles des grains de printemps avant le 15 mai.

Art. 128. — Le fermier sortant doit toutefois avoir semé ses gros grains avant le 1er novembre, à moins de temps tout à fait contraire, sans pouvoir jamais dépasser le 15.

Art. 129. — La quantité de semence par hectare est de :

2 hectolitres pour le froment, le méteil, l'orge et l'avoine ;

1 hectolitre 1/2 pour le seigle.

Art. 130. — Lorsque la récolte doit se partager, la semence est fournie par moitié entre l'entrant et le sortant.

Les semences des céréales sont amenées sur le lieu par l'entrant avant le 1er octobre.

Art. 131. — Toutes les récoltes sont sarclées convenablement par le fermier ;

Le froment, du 15 mars au 30 mai ;

Le seigle, du 1er avril au 15 mai ;

Les orges et avoines, avant le 30 juin.

Les patiences ou parelles, fougères, ivraies, les chardons et autres plantes à graines ailées doivent être détruites ou coupées avant la floraison, dans toute l'étendue du lieu.

Art. 132. — Cette obligation existe également pour le fermier entrant, quant à la récolte qu'il doit partager :

Art. 133. — Le sortant au 1er novembre fait

les ensemencés des menus et des gros grains
l'année de sa sortie.

C'est l'entrant au 1er mai qui fait les grains
de printemps : les plantes sarclées, les chanvres et lins de printemps ; il a droit de venir
faire les labours préparatoires à partir du 10
novembre.

Plantations

Art. 134. — Le fermier ou colon plante,
chaque année, aux endroits indiqués par le
propriétaire, un sauvageon par 3 hectares de
terre labourable. Ces sujets sont mis dans des
fosses de 1 mètre 50 centimètres de diamètre,
50 centimètres de profondeur, et rendus aux
deux tiers pris, vifs et entés des espèces choi-
sies par le propriétaire.

Ces plants sont toujours convenablement
garnis d'épines et tuteurs, et tous les deux
ans couverts de chaume ou de feuilles et cobé-
chés à 60 centimètres du tronc, tant qu'ils n'ont
pas atteint 50 centimètres de circonférence à
1 mètre 50 centimètres du sol.

Art. 135. — Tous ces sauvageons sont four-
nis par le propriétaire.

Art. 136. — Le propriétaire peut faire, à
ses frais, telles autres plantations que bon lui
semble, pourvu que ce soit sur les haies, ou le
long des rivières et ruisseaux, et lorsque les
terres ne sont pas ensemencées.

Art. 137. — Chaque année, avant le 1er mai,
le gui et les autres plantes parasites doivent
être enlevés de tous les arbres fruitiers. Le

fermier doit aussi arracher ou couper les gourmands ou rejetons partant des racines.

Prairies Artificielles

Art. 138. — Le fermier doit mêler aux orges et avoines qu'il sème au printemps dans un sixième de terres labourables, 12 kilogrammes de bonne graine de trèfles par hectare. Il peut y ajouter un kilogramme de graine de navet.

C'est l'entrant qui fournit et sème ce trèfle la dernière année : à cet effet, le sortant doit l'avertir de l'époque des semailles. Après l'enlèvement de la récolte, l'entrant peut semer sur ces trèfles du vesceron et du trèfle incarnat.

Art. 139. — L'entrant a droit de semer, du 15 février au 15 mars, de la graine de trèfle dans un tiers des champs semés en froment, qu'il choisit dans les ensemencés de la récolte qui se partage.

Art. 140. — Il a également ce droit dans les froments de l'année précédente, mais à la condition de n'en user qu'à partir du 1er mars.

Art. 141. — L'entrant peut semer, à partir du 15 septembre, des coupages sur un sixième des chaumes de froment de l'année de la sortie ; mais à la condition de choisir un champ dont la contenance approche le plus de cette quotité.

Le sortant ne peut mettre ses bestiaux dans ces coupages.

Art. 142. — La coupe des prairies artificielles se fait du 1er au 24 juin.

Art. 143. — Dans l'année qui précède sa sortie, le fermier ou colon peut consommer le produit de toutes les prairies artificielles.

Il ne peut toutefois introduire que les veaux d'un an dans les trèfles de l'année mis dans les ensemencés du printemps, et aucuns bestiaux dans les luzernes.

Art. 144. — Le sortant au 1er mai ne peut faire pacager que la moitié de toutes les prairies artificielles ou pâtures qui existent sur le lieu.

La division en deux parts est faite sur pied par l'entrant le 1er mais au plus tard, et le choix appartient au sortant, qui ne peut mettre ses bestiaux dans ces prairies artificielles avant le partage.

Prairies naturelles

Art, 145. — Le fermier ou colon doit entretenir soigneusement les rigoles de dessèchement et d'irrigation : les taupes sont détruites le plus qu'il est possible ; la terre des taupinières et fourmilières est étendue deux fois par an, et les prés entretenus dans un état d'aplanissement convenable.

La fiente des bestiaux doit être étendue avec soin.

Art. 146. — La clôture des prés se fait au 1er décembre, sauf les droits acquis à des tiers.

Art. 147. — La coupe des prairies naturelles devra être terminée au 15 juillet : elle se fait le plus ras possible, sous peine de dommages-intérêts.

Art. 148. — Le fermier ou colon, sauf l'année de sa sortie peut, sans le consentement du propriétaire, faire consommer sur place l'herbe d'un pré.

Art. 149. — Dans la dernière année de sa jouissance le sortant est tenu aux mêmes obligations que les autres années, et l'entrant peut venir s'assurer qu'il les a remplies.

La clôture des prés est faite par l'entrant.

Art. 150. — Si des terres labourables sont converties en prairies, ce qui ne peut se faire que du consentement du propriétaire, il ne doit plus être fait de distinction avec les prés anciens de la ferme.

Art. 151. — L'entrant au 1er novembre fauche et fane tout le foin de la récolte qui précède son entrée. Ce foin est transporté par le sortant, et en compensation, les gerbes de la récolte qui suit sa sortie sont voiturées par son successeur.

Art. 152. — Le sortant peut consommer pour faire les travaux de son dernier ensemensé, 100 kilog. de foin par hectare semé en gros blé : il les prend dans une prairie de son choix, sans pouvoir les choisir en plusieurs.

Il profite de tous les regains.

Chacun embarge la portion de fourrage qui lui appartient.

Art. 153. — Le sortant au 1er mai n'est pas tenu de laisser de foin.

Art. 154. — Quant à ce qui concerne les moulins :

S'il s'y trouve des prés sans terres labourables, le meunier entrant fauche et fane le foin, qui lui appartient en totalité.

S'il s'y trouve à la fois des prés et des terres labourables, le sortant, quant à la quantité de foin qu'il peut consommer, est considéré comme un fermier ordinaire.

Récoltes

Art. 155. — Le fermier doit faire à ses frais toutes les récoltes, y compris même celle qui suit sa sortie : toutefois, les gerbes de cette dernière récolte sont voiturées par les attelages de l'entrant.

Art. 156. — Les blés sont coupés à maturité rentrés et battus avec soin le plus tôt possible. Le battage se fait avec la machine, le rouleau, le fléau, ou tout autre bon moyen usité dans le canton.

Art. 157. — Le sortant au 1er novembre peut couper, par chaume, le blé de la récolte qui suit sa sortie ; cependant il a la faculté de le couper par pied, et l'entrant, dans ce cas, lui paie une indemnité égale à 2 journées d'homme par hectare de blé ainsi coupé.

De son côté le fermier entrant peut exiger que le blé soit coupé par pied, en tenant compte au sortant de l'indemnité fixée à 2 journées d'homme par hectare.

Chaque journée d'homme évaluée à 3 fr. 75.

Dans le cas où il est fait du chaume, ce chaume doit avoir un tiers de la hauteur totlea des blés,

Il ne doit pas être fait de chaume dans les blés dont la hauteur n'est pas de 1^m33 au moins. Ces blés doivent être coupées par pied sans indemnité pour le sortant.

Art. 158. — Lors de la récolte qui précède la sortie, l'entrant fournit un homme pour aider au battage des grains. Cet homme surveille la confection des barges et l'engrangement des pailles et épigots, lesquels sont faits par le sortant. Il est nourri par ce dernier.

Art. 159. — Les pailles et chaumes de la récolte qui suit la sortie, sont engrangés ou mis en meule par l'entrant.

Art. 160. — Le produit de la dernière récolte avant la sortie, appartient, savoir :

Les céréales d'automne et de printemps, en entier au fermier sortant ;

Les plantes sarclées et les plantes textiles semées dans les guérets, par moitié au sortant et à l'entrant, sauf ce qui a été dit à l'article 115, des pommes de terre et betteraves.

Art. 161. — Le produit des céréales d'automne qui suit la sortie est seul partagé par moitié entre le sortant et l'entrant : tous, les prélèvements se font sur le monceau commun.

Art. 162. — Le fermier sortant au 1er mai partage par moitié avec l'entrant la récolte des gros grains qui suit sa sortie.

Il n'a aucun droit aux menus.

Art. 163. — Le colon partiaire fait toutes les récoltes à ses frais.

Il partage par moitié avec le propriétaire tous les fruits naturels ou industriels, sans

autre exception que ceux qui doivent être con-
sommés sur le lieu.

Art. 164. — Ce partage a lieu même pour la
récolte des gros grains qui suit la sortie.

Tous les prélèvements se font sur le monceau commun.

Art. 165. — Les grains et graines de toute
espèce sont convenablement nettoyés au
tarare ; les lins et chanvres broyés et teillés ;
les fruits à couteau serrés à la main.

Art. 166. — La moitié de tous les produits,
qui revient au propriétaire, est transportée à
son domicile par le colon. Pour la récolte qui
suit la sortie, ce transport est fait par le colon
entrant.

Taillis. — Sapinières

Art. 167. — Les bois-taillis dépendant des
fermes et compris dans l'aménagement, sont
coupés à 7 ans comme les autres bois taillables.

Art. 168. — Les autres taillis doivent être
coupés d'après l'aménagement établi. Le fermier profite des sèves en raison du temps de
sa jouissance.

Art. 169. — Les bois qui existent sur les
haies sont coupés comme le taillis lui-même,
et les haies et fossés sont réparés en même
temps.

Art. 170. — Les bruyères et mort-bois ne
doivent pas être coupés avant le taillis, les
feuilles, gazons, glands et faînes, ne peuvent
être enlevés.

Art. 171. — Le fermier ne peut mettre de bestiaux paître dans les bois taillis, sans l'autorisation du propriétaire.

Art. 172 — Il doit être conservé, de l'âge de la coupe, 32 balivaux par hectare, au choix du propriétaire.

Art. 173. — Le premier éclaicissage des sapins se fait à l'âge de 6 à 8 ans, en les espaçant de 30 à 40 centimètres : les autres éclaircissages ont lieu tous les 2 ou 3 ans.

Art. 174. — En émondant les sapins, on a soin de laisser au moins quatre couronnes et le bouquet aux arbres qui n'ont pas atteint l'âge de 20 ans ; aux arbres plus âgés, on conserve cinq couronnes au moins.

Art. 175. — Ce n'est qu'après le troisième éclaircissage que des bestiaux sont introduits dans les sapinières.

Art. 176. — Les sapinettes sont considérées comme combustibles, les bruyères regardées comme engrais.

Terres volantes

Art. 177. — Les terres appelées volantes sont celles qui n'appartiennent pas à un corps de ferme

Art. 178. — Le fermier ou colon ne peut les cultiver sans le consentement du propriétaire, qu'elles appartiennent à lui ou à des tiers.

Art. 179. — Le bail est censé fait pour une année.

Le congé doit être signifié dix mois à l'avance : le bail commence et finit au 1er novembre.

Art. 180. — Le fermier cultive ses terres comme bon lui semble.

Il ne peut néanmoins y semer des blés d'automne sans mettre par. hectare 8.000 kilogrammes de fumier ou engrais équivalents.

Art. 181. — Ces terres doivent être libres et sans ensemencés à la sortie du fermier.

Art. 182. — Le fermier dispose comme il l'entend des foins, pailles, chaumes ou produits quelconques de ces terres, même à la dernière année de sa jouissance.

Art. 183. — Si cependant il avait trouvé à son entrée de la paille et du chaume, il devrait en laisser la même quantité à sa sortie.

Il devrait de plus, battre ses gerbes dans le champ qui aurait produit le blé, et y laisser ce qu'il doit à son successeur.

Art. 184. — Les bois et épines sont coupés au mêmes époques que ceux d'un corps de ferme. Le fermier profite d'autant de sèves qu'il a eu d'années de jouissance, quand le congé est donné par le propriétaire. Toutefois, il n'y aura jamais lieu à rapport pour les coupes de bois faites à l'âge voulu.

Art. 185. — Le fermier doit la réparation des haies et fossés, qui accompagne toujours la coupe du bois et des épines.

Art. 186. — Si la terre volante est de nature de prés, elle est soumise à tous les usages établis pour cette espèce de terre.

Art. 187. — La dernière année du bail, le prix de fermage est exigible avant l'enlèvement de la récolte.

Art. 188. — L'impôt est à la charge du propriétaire, à moins de convention contraire.

Vigne. — Vin. — Cidre

Art. 189. — La culture de la vigne consiste en deux labours, dont le premier, au *croc*, se fait du 20 novembre à la fin de mars ; et le deuxième, à la *tranche*, du 25 mai au 24 juin, la taille doit être terminée au 25 avril.

Art. 190. — On ne peut laisser plus de trois boutons à l'*ameu*, et chaque souche ne peut avoir plus d'une tête, il ne peut non plus être laissé de *bourriches* ou *queues*, sans le consentement du propriétaire.

Art. 191. — Tous les jets qui ne sont pas sur l'ameu doivent être supprimé. Cette opération, connue sous le nom d'*épouillage*, doit être terminée au plus tard lors du deuxième labour.

Art. 192. — Les *rèzes* ou rigoles doivent être curées chaque années avant le 1er janvier.

Art. 193. — L'entretien de la vigne consiste dans une fosse et demie de provins par arc, fumée avec les terreaux serrés dans la vigne ; chaque fosse, contenant de deux à quatre plans espacés de 30 centimètres, aura 50 centimètres de largeur et 30 centimètres de profondeur.

Art. 194. — Il ne peut être fait de plants sans le consentement du propriétaire.

Art. 195. — Le fermier peut disposer de la vendange et du marc.

Art. 196. — Le fermier sortant peut vendre ou emporter tous ses fruits à cidre. S'il n'a pas usé de cette faculté, il doit laisser le marc des pommes et des poires.

Art. 197. — Le colon doit faire les cidres à mesure de la maturité des fruits ; il ne peut faire de petit cidre qu'avec le consentement du propriétaire. Il est loisible au propriétaire de prendre sa part de pommes.

Art. 198. — Le colon est tenu à aller chercher les tonneaux destinés à recevoir la part de cidre revenant au propriétaire.

Visite et Montrée

Art. 199. — A la sortie du fermier, il est fait une visite et montrée, dont les frais sont supportés par moitié entre le sortant et l'entrant.

Art. 200. — Une deuxième visite peut être exigée par l'entrant, jusqu'au 24 juin, pour constater l'état des ensemencés. Les frais de cette visite sont à la charge du sortant, s'il est en faute, et de l'entrant dans le cas contraire.

Art. 201. — La première visite peut toujours être requise, soit par le propriétaire, soit par l'un des deux fermiers.

Le paiement des indemnités allouées est poursuivi par le propriétaire, à la charge par lui de remettre à l'entrant la part qui revient à celui-ci.

Art. 202. — Le sortant est obligé à des dommages-intérêts applicables à toute la durée d'un bail écrit ; mais si, à la fin de ce bail, il y a eu tacite reconduction, cette dernière jouissance peut seule être l'objet d'une action contre lui.

Art. 203. — Si la jouissance a eu lieu par conventions verbales, cette jouissance donne lieu à des dommages-intérêts pour une période de 9 années.

Art. 204. — Le droit de requérir la visite se prescrit pour une année.

Art. 205. — Si, par un acte quelconque, le propriétaire a exempté le fermier de montrée, cette exception ne doit s'entendre que des malversations antérieures à l'acte.

TABLE

—

Les matières sont disposées par ordre alphabétique